Mydło się pieni

i inne pytania na temat nauki

Barbara Taylor

D1640049

Tytuł oryginału: Soap Makes Bubbles
Autor: Barbara Taylor
Tłumaczenie: Marta Kraszewska
Ilustracje na okładce: Ruby Green, kreskówki – Tony Kenyon
(B.L. Kearley)
Ilustracje: Chris Forsey 6–7, 9, 12–13, 14–15, 21, 23, 24–25, 27,
28–29, 30–31; Ruby Green 4–5, 7, 8–9, 16–17, 22–23, 26–27;
Biz Hull (Artist Partners Limited) 10–11, 18–19,
20–21; Tony Kenyon (B.L. Kearley) kreskówki

Original edition is published by Kingfisher, an imprint of Macmillan
Children's Books.
©Macmillan Children's Books 2012
© 2017 for the Polish edition by „FK Olesiejuk
spółka z ograniczoną odpowiedzialnością" Spółka Jawna
Wydawnictwo Olesiejuk, an imprint of „FK Olesiejuk
spółka z ograniczoną odpowiedzialnością" Spółka Jawna

ISBN 978-83-7844-266-0

„FK Olesiejuk spółka z ograniczoną
odpowiedzialnością" Spółka Jawna
05-850 Ożarów Mazowiecki
ul. Poznańska 91
wydawnictwo@olesiejuk.pl
www.wydawnictwo-olesiejuk.pl

dystrybucja: www.olesiejuk.pl

Druk: Vilpol sp. z o.o.

SPIS TREŚCI

4 Czym zajmuje się nauka?

5 Czym zajmują
się naukowcy?

6 Co może chodzić
po wodzie?

6 Czemu krople wody
są okrągłe?

7 Czemu mydło
się pieni?

8 Czemu dmuchane
„motylki" pomagają
unosić się na wodzie?

9 Czemu rekiny muszą
ciągle pływać?

10 Czemu tracę
energię?

11 Czym jest energia?

12 Czemu łyżeczka robi się
gorąca, gdy mieszam
kakao?

12 Czemu
światło
słoneczne
jest ciepłe?

13 Jak lotnie się
wzbijają?

14 Jak nurkowie zatrzy-
mują ciepło?

15 Co robią astronauci, aby im było chłodno?

16 Czemu po kąpieli jest mi zimno?

17 Dlaczego lustra w łazience pokrywają się parą?

18 Czym jest dźwięk?

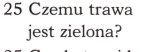

19 Kto gra z zadęciem?

19 Czy dźwięk może podróżować pod wodą?

20 Skąd się biorą cienie?

21 Czemu mogę widzieć przez szkło?

22 Czy światło umie skakać?

23 Czemu moje nogi wydają się krótsze pod wodą?

24 Skąd się bierze tęcza?

25 Czemu trawa jest zielona?

25 Czy koty widzą kolory?

26 Z czego składa się powietrze?

27 Skąd w gazowanych napojach są bąbelki?

27 Czemu ciasta rosną?

28 Po co rowery mają opony?

28 Czemu opony są pełne powietrza?

29 Jak działają hamulce rowerowe?

30 Czemu potrzebujemy powietrza?

30 Czemu potrzebujemy światła?

31 Czemu potrzebujemy wody?

32 Indeks

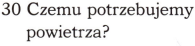

Czym zajmuje się nauka?

Nauka bada, jak i dlaczego w otaczającym cię świecie zachodzą różne zjawiska. Zajmuje się zarówno dociekaniem, gdzie znika woda, gdy wrze, jak i bardziej skomplikowanymi problemami – jak ten, dlaczego do życia potrzebujemy wody.

3 Włóż kubek wody do zamrażarki i zostaw na godzinę lub dwie. Co zauważasz po wyjęciu kubka? Woda nie jest już cieczą – jest ciałem stałym, a ciał stałych nie możesz przelewać.

2 Teraz napełnij dzbanek wodą i wlej ją do kubka. Większość cieczy można nalewać, ale jedne poruszają się szybciej od innych. Spróbuj przelać na spodeczek trochę miodu – czy przelewa się on tak szybko jak woda?

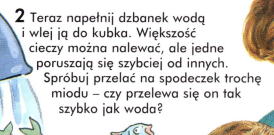

1 Kuchnia jest doskonałym miejscem dla naukowców. Zacznij od odkręcenia kranu i obserwacji wypływającej z niego wody. Substancje płynne, jak woda, nazywamy cieczami.

Czym zajmują się naukowcy?

Podstawowym zajęciem naukowców jest zadawanie pytań. Następnie próbują oni na nie odpowiadać poprzez dokładne obserwacje i badanie zjawisk. Nazywamy to eksperymentowaniem. Na ogół naukowcy radzą sobie z odpowiedziami na takie pytania, ale nie zawsze!

4 Wszystkie ciecze mogą zmieniać kształty, ale większość ciał stałych tego nie potrafi. Wlej wodę do foremki, a wypełni ona wszystkie szczeliny i zakamarki. A co się stanie, jeżeli włożysz do środka kostki lodu?

5 Poproś kogoś dorosłego, aby wlał kubek wody do rondelka i gotował ją przez 5 minut. Unosi się dużo pary wodnej, prawda? Teraz pozwól, aby woda wystygła, a następnie przelej ją ponownie do kubka. Jest mniej wody – gdzie więc podziała się reszta?

6 Kiedy woda wrze, zamienia się z cieczy w gaz, który nazywamy parą wodną. Nie możemy go zobaczyć, więc wygląda to tak, jakby woda znikła.

Co może chodzić po wodzie?

Drobne owady nazywane nartnikami są tak lekkie, że mogą chodzić po wodzie i nie toną! Ale nawet one utonęłyby, gdyby nie zjawisko nazwane napięciem powierzchniowym, które powoduje, że powierzchnia wody zachowuje się jak napięta błonka.

● Krople deszczu pod wpływem różnych sił u spodu mogą się stać prawie płaskie.

Czemu krople wody są okrągłe?

Małe krople wody są okrągłe, ponieważ kształtuje je w ten sposób napięcie powierzchniowe. Większe krople rozpadają się na mniejsze, bo są zbyt ciężkie, aby napięcie powierzchniowe mogło działać.

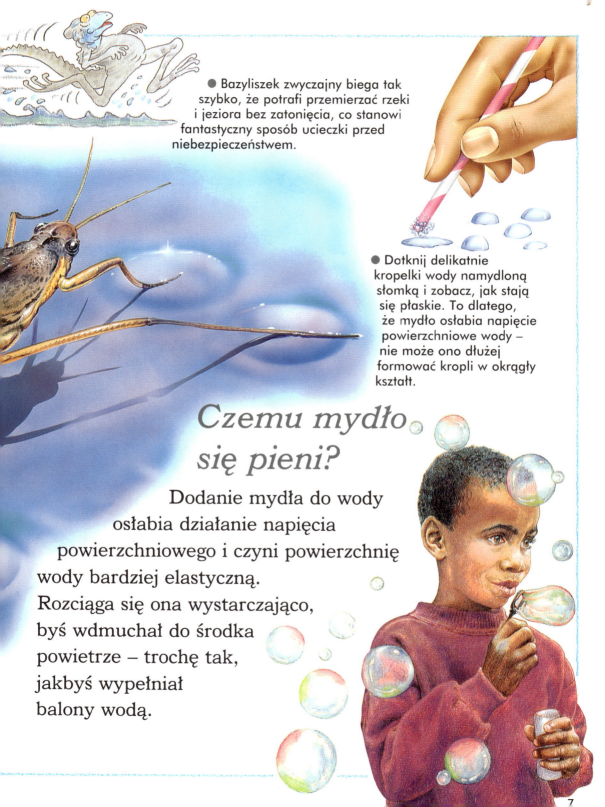

● Bazyliszek zwyczajny biega tak szybko, że potrafi przemierzać rzeki i jeziora bez zatonięcia, co stanowi fantastyczny sposób ucieczki przed niebezpieczeństwem.

● Dotknij delikatnie kropelki wody namydloną słomką i zobacz, jak stają się płaskie. To dlatego, że mydło osłabia napięcie powierzchniowe wody – nie może ono dłużej formować kropli w okrągły kształt.

Czemu mydło się pieni?

Dodanie mydła do wody osłabia działanie napięcia powierzchniowego i czyni powierzchnię wody bardziej elastyczną. Rozciąga się ona wystarczająco, byś wdmuchał do środka powietrze – trochę tak, jakbyś wypełniał balony wodą.

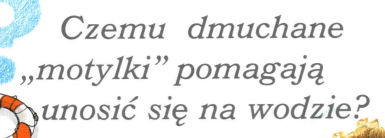

Czemu dmuchane „motylki" pomagają unosić się na wodzie?

● „Motylki" pozwalają ci czuć się bezpiecznie, kiedy uczysz się pływać. Powietrze w ich wnętrzu chroni cię przed zatonięciem.

Kiedy nadmuchujesz swoje „motylki", napełniasz je dużą ilością powietrza. Jest ono znacznie lżejsze od wody, więc pomaga ci unosić się na jej powierzchni. Ale i sama woda ci w tym pomaga – wypycha twoje „motylki" i dzięki temu unosisz się na jej powierzchni.

● Łatwiej jest unosić się w słonej wodzie niż w słodkiej. Znajdujące się na Bliskim Wschodzie Morze Martwe jest najbardziej zasolonym morzem na świecie – pływacy nie mogą w nim zatonąć, nawet bez „motylków"!

● Przeprowadź eksperyment: znajdź pięć rzeczy tak lekkich, aby mogły się unosić na powierzchni, i pięć, które zatoną, ponieważ są zbyt ciężkie.

● Nurkowie nie chcą się unosić w wodzie. W opadaniu pomaga im pas z ciężkimi odważnikami – nie jest to coś, czego powinieneś próbować!

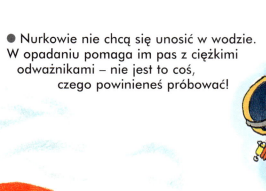

● Wiele ryb ma wypełniony powietrzem woreczek, który nazywamy pęcherzem pławnym. Działa on trochę tak jak twój „motylek". Kiedy ryby napełniają pęcherz powietrzem, unoszą się w wodzie wysoko, a kiedy je wypuszczają – płyną niżej.

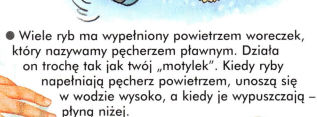

Czemu rekiny muszą ciągle pływać?

Kiedy rekiny przestają pływać, idą na dno jak kamienie. To dlatego, że są zbyt ciężkie jak na swoje rozmiary i nie mają pęcherza pławnego. Muszą bezustannie pływać, aby nie opaść na dno, podobnie jak ty musisz pływać, by utrzymać się na wodzie.

Czemu tracę energię?

Tracisz energię, ponieważ jej używasz! Chodzenie, bieganie i skakanie – na wszystko potrzebujesz energii. Bez niej nie można mówić, pisać, czytać ani nawet spać! Energia jest magazynowana w twoim ciele, a czerpiesz ją z jedzenia. To dlatego robisz się głodny – twoje ciało mówi ci, abyś uzupełnił energię, którą zużyłeś.

● Kiedy biegasz, zmagazynowana w twoim ciele energia zmienia się w energię kinetyczną.

● Jest wiele źródeł energii i wiele jej postaci. Oto kilka z nich.

ogień = energia cieplna

rower = energia kinetyczna

bęben = energia dźwiękowa

● Zjedzenie małego jabłka daje ci wystarczającą ilość energii, aby spać przez pół godziny.

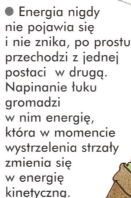

● Energia nigdy nie pojawia się i nie znika, po prostu przechodzi z jednej postaci w drugą. Napinanie łuku gromadzi w nim energię, która w momencie wystrzelenia strzały zmienia się w energię kinetyczną.

Czym jest energia?

Energia ma siłę sprawczą – nic we wszechświecie nie działoby się bez jej udziału. Energii nie możesz zobaczyć, ale możesz obserwować, jak działa na otaczający cię świat. Dzięki energii samochody jeżdżą, samoloty latają, lampa świeci, bęben wydaje dźwięki, a ogień wydziela ciepło.

jedzenie = energia chemiczna

pociąg = energia elektryczna

latarka = energia świetlna

Czemu łyżeczka robi się gorąca, gdy mieszam kakao?

Energia cieplna nigdy nie pozostaje w miejscu. Nieustannie się przemieszcza. Łyżeczka nagrzewa się, gdy mieszasz kakao, ponieważ energia cieplna przechodzi z gorącego napoju do łyżeczki.

● Rzeczy, które pozwalają na swobodne przemieszczanie się ciepła, nazywamy przewodnikami. Metalowa łyżeczka jest dobrym przewodnikiem.

● Nasze ciała przez cały czas wydzielają ciepło. Niektóre alarmy antywłamaniowe wykrywają ciepło wydzielane przez ciało włamywacza.

Czemu światło słoneczne jest ciepłe?

Światło słoneczne jest ciepłe, ponieważ Słońce wydziela zarówno ciepło, jak i energię świetlną. Energia cieplna Słońca podróżuje do nas w postaci prostych linii, zwanych falami cieplnymi. Oczywiście, nie możesz ich zobaczyć, ale możesz poczuć je na skórze w gorące, słoneczne dni.

● Twoje stopy marzną, gdy stoisz na kafelkowej podłodze, ponieważ kafelki odbierają energię cieplną stopom. Będzie ci ciepło, gdy staniesz na dywanie, ponieważ nie odbiera on tyle ciepła stopom co kafelki.

Jak lotnie się wzbijają?

Kiedy Słońce ogrzewa Ziemię, ogrzewa również otaczające ją powietrze. Ciepłe powietrze jest lżejsze niż zimne i unosi się do nieba. Lotnie wykorzystują to wznoszące się ciepłe powietrze do latania. Wznoszące się prądy ciepłego powietrza nazywamy prądami termicznymi.

Jak nurkowie zatrzymują ciepło?

Przemieszczanie się energii cieplnej powoduje, że czasem trudno zatrzymać ciepło. Nurkowie, pływający w zimnej wodzie, często noszą gumowe kombinezony, ponieważ nie przewodzą one ciepła – zatrzymują je. Rzeczy, które nie przewodzą energii cieplnej, nazywamy izolatorami.

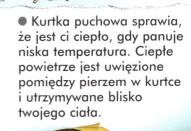

● Kurtka puchowa sprawia, że jest ci ciepło, gdy panuje niska temperatura. Ciepłe powietrze jest uwięzione pomiędzy pierzem w kurtce i utrzymywane blisko twojego ciała.

● Foki mają pod skórą grubą warstwę tłuszczu, która pomaga izolować ich ciało i zatrzymywać ciepło nawet w najzimniejszych morzach.

● Między gumowym kombinezonem a ciałem nurka znajduje się cienka warstwa wody. Ciało nurka ogrzewa ją, a kombinezon nie pozwala ciepłu zbyt szybko uciec.

● Prom
kosmiczny także
musi być chłodny.
Specjalne płyty
izolują go i zapobie-
gają nadmiernemu
nagrzaniu.

Co robią astronauci, aby im było chłodno?

Promienie słoneczne są silniejsze w kosmosie, więc astronauci potrzebują specjalnych
metod, żeby utrzymać niską temperaturę.
Pod kombinezonami noszą elastyczną
bieliznę, przypominającą kalesony.
Biegną przez nią malutkie rurki
rozprowadzające chłodną wodę. Woda
zabiera ciepło wydzielane przez ciała
astronautów i pomaga im utrzymać
niską temperaturę.

● Uchwyty patelni są zrobione
z dobrych izolatorów. Gdyby
tak nie było, nagrzałyby się
bardzo szybko i oparzyły
twoją dłoń!

15

Czemu po kąpieli jest mi zimno?

Twoje ciało ciągle wydziela ciepło. Po zmoczeniu ciepło twojego ciała zamienia część wody na skórze w parę wodną. Taką zamianę płynu w gaz nazywamy parowaniem.

Po kąpieli odczuwasz chłód, ponieważ parowanie powoduje straty twojego ciepła.

● Kiedy suszysz włosy suszarką, ogrzewasz wodę znajdującą się w twoich włosach do momentu, aż wyparuje.

Dlaczego lustra w łazience pokrywają się parą?

Po kąpieli powietrze w łazience jest ciepłe i parujące. Gdy zderza się ono z zimną powierzchnią, taką jak lustro, ochładza się i ponownie zamienia w maleńkie krople wody. Taką zamianę gazu w ciecz nazywamy skraplaniem.

● Po chłodnej nocy możesz zaobserwować na pajęczynach lub trawie malutkie krople wody. Rosa pochodzi z pary wodnej zawartej w powietrzu. Jeżeli powietrze wystarczająco ochłodzi się przez noc, para wodna skrapla się w postaci rosy.

● Skraplanie jest prawdziwym utrapieniem dentystów. Kiedy twój ciepły oddech skrapla się na podręcznym lusterku, pokrywa je para i nie pozwala dentyście zobaczyć twoich zębów!

Czym jest dźwięk?

Dźwięk jest rodzajem energii. Powstaje, gdy coś drga lub bardzo szybko porusza się w przód i w tył. Takie drgania nazywamy wibracjami. Słyszysz dźwięki, ponieważ wibracje podróżują przez powietrze do twoich uszu.

● Niektórzy śpiewacy potrafią zaśpiewać dźwięk tak wysoki i głośny, że tłucze on szkło!

● Oto sposób, aby zobaczyć, jak dźwięk wibruje. Przywiąż kawałek nitki do papierowej serwetki. Teraz włącz głośną muzykę i trzymaj sznurek naprzeciw głośnika. Wibracje powinny spowodować drgania papierowej serwetki. Jeżeli tak się nie dzieje, włącz głośniejszą muzykę!

● Uderzając w dwa talerze, wprowadzasz je w wibracje, co z kolei wywołuje donośny dźwięk.

Kto gra z zadęciem?

Zadęcie to jedyna metoda na wydobycie dźwięków z trąbki! Sprawia, że usta trębacza wibrują, a to z kolei wprawia w wibracje powietrze wewnątrz trąbki. Wydostaje się ono drugą stroną w postaci dźwięku!

● W powietrzu dźwięk osiąga prędkość 340 metrów na sekundę. To długość ponad czterech boisk piłkarskich.

Czy dźwięk może podróżować pod wodą?

Tak! Pod wodą dźwięk porusza się cztery razy szybciej niż w powietrzu. Potrafi przemierzać tak duże odległości, że oddalone od siebie o nawet sto kilometrów wieloryby mogą się usłyszeć.

● Dźwięk potrzebuje czegoś, przez co może się przemieszczać – powietrza, wody lub innej materii. W kosmosie nie ma powietrza, więc astronauci muszą używać radia, by ze sobą rozmawiać.

Skąd się biorą cienie?

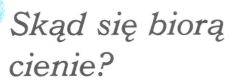

Światło podróżuje w postaci linii, zwanych falami świetlnymi. Kiedy te fale napotykają na drodze coś, przez co nie mogą przejść, światło zostaje zablokowane, a po drugiej stronie tworzy się ciemny cień.

● Spróbuj zrobić cienie zwierząt na ścianie, poruszając palcami w jasnym świetle latarki.

● Jest wiele materii, przez które światło nie może przechodzić – ściany, meble czy na przykład twoje ciało. Obiekty takie nazywamy nieprzezroczystymi.

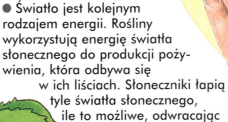

● Światło jest kolejnym rodzajem energii. Rośliny wykorzystują energię światła słonecznego do produkcji pożywienia, która odbywa się w ich liściach. Słoneczniki łapią tyle światła słonecznego, ile to możliwe, odwracając się do tarczy słonecznej przesuwającej się po niebie.

● Czy wiesz, że cieni możesz używać do odczytywania czasu? W najbliższy słoneczny dzień na kartce papieru postaw szpulkę nici i włóż do środka ołówek. O każdej kolejnej godzinie rysuj linię wzdłuż cienia ołówka i zapisuj czas. Teraz możesz używać swojego zegara słonecznego w każdy pogodny dzień.

Czemu mogę widzieć przez szkło?

Możesz widzieć przez szkło, ponieważ jest ono przezroczyste, co oznacza, że światło może przez nie swobodnie przechodzić. Szkło idealnie nadaje się do wyrobu okien, ponieważ wpuszcza do pomieszczeń światło słoneczne i możesz widzieć, co dzieje się na zewnątrz!

● Okna łazienkowe często są wykonywane z matowego szkła. Przepuszcza ono trochę światła, ale widok jest niewyraźny.

Czy światło umie skakać?

Kiedy fale światła napotykają coś, przez co nie mogą przejść, przeskakują to jak odbijająca się od ziemi piłka. Zjawisko to nazywamy odbiciem. Widzimy przedmioty, ponieważ światło odbija się od nich i biegnie do naszych oczu.

● Kiedy patrzysz w kałużę, możesz się w niej przejrzeć, ponieważ gładka powierzchnia wody odbija światło prosto do twoich oczu.

● Peryskop w górę! Oficer łodzi podwodnej patrzy w peryskop, aby zobaczyć, co się dzieje na powierzchni. Lusterka wewnątrz peryskopu odbijają światło od rzeczy znajdujących się na powierzchni prosto do oka oficera.

● Księżyc odbija światło słoneczne. Nie wydziela własnego światła.

● Zobacz, co się dzieje, kiedy światło przechodzi przez pojedynczą kroplę wody. Wytnij dziurkę w kawałku tektury i przyklej na jej końcu przezroczystą taśmę. Delikatnie umieść kroplę wody na taśmie i spójrz przez nią na coś małego, na przykład na biedronkę. Wyda ci się większa.

Czemu moje nogi wydają się krótsze pod wodą?

Kiedy światło dociera do wody, jego promienie podróżują wolniej niż w powietrzu. To zmienia sposób widzenia rzeczy. Patrząc w dół przez wodę w basenie, widzisz krótkie i krępe nogi. Nie martw się jednak – naprawdę takie nie są!

● Kiedy światło przechodzi przez wodę, zmienia sposób postrzegania rzeczy. Sprawia, że łowienie ryb jest skomplikowane – ryby nie są tam, gdzie zdają się być. Aby jakąś złapać, musisz celować poniżej miejsca, gdzie ją obecnie widzisz.

23

Skąd się bierze tęcza?

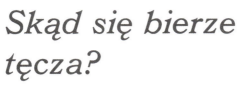

Mimo że światło słoneczne wygląda na białe, składa się z wielu różnych kolorów. Podczas mżawki słońce świeci czasami przez małe kropelki wody znajdujące się w powietrzu. Kiedy tak się dzieje, woda rozszczepia światło na wszystkie jego kolory. Pojawiają się one zawsze w tej samej kolejności i wtedy na niebie powstaje piękna tęcza.

tekturka

światło latarki

odbite światło

lusterko

● Innym sposobem na zobaczenie tęczy jest umieszczenie lusterka w płytkim naczyniu z wodą. Spróbuj odbić światło słoneczne lub światło latarki od lustra na kawałku białej tektury. Woda powinna rozszczepić światło i utworzyć tęczę.

● Nie musisz czekać na deszcz, aby zobaczyć tęczę. Zroś ogród w słoneczny dzień, a będziesz mógł zobaczyć kolory tęczy w rozpylanej wodzie.

Czemu trawa jest zielona?

Widzimy różne obiekty, kiedy światło odbija się od nich do naszych oczu. Ale nie wszystkie kolory białego światła są odbijane, niektóre są wchłaniane. Trawa wygląda na zieloną, ponieważ wchłania wszystkie kolory światła z wyjątkiem zielonego.

● Barwy niektórych zwierząt działają często jak ostrzeżenie. Czarno-żółte pasy os ostrzegają nas i zwierzęta, aby trzymać się z daleka od ich zatrutych żądeł.

Czy koty widzą kolory?

● Wiele zwierząt nie widzi kolorów. Polegają one na swoim wyostrzonym słuchu i zmyśle węchu.

Tak, ale nie wszystkie, które możesz zobaczyć ty! Koty nie potrzebują dostrzegać jasnych kolorów, ponieważ większość z nich jest najbardziej aktywna nocą, polując na dworze.

25

Z czego składa się powietrze?

Powietrze jest mieszaniną gazów – głównie azotu i tlenu, z odrobiną dwutlenku węgla i pary wodnej. Zawiera też niewielką ilość soli, kurzu i brudu. Nie możesz zobaczyć, powąchać ani spróbować powietrza, ale możesz je poczuć, kiedy wieje wiatr.

● Używasz powietrza, gdy bierzesz głęboki oddech i zdmuchujesz świeczki na urodzinowym torcie!

● Nie czujemy tego, ale powietrze wokół nas jest ciężkie i „naciska" na nas. Powietrze w średniej wielkości pokoju waży tyle co 70 puszek groszku!

Skąd w gazowanych napojach są bąbelki?

Bąbelki w napojach gazowanych to dwutlenek węgla.

Gaz pod ciśnieniem jest wtłaczany do butelki z napojem.

Kiedy butelka zostaje otwarta, bąbelki mają więcej miejsca i zaczynają musować.

● Otrzymaj własne bąbelki z dwutlenku węgla, dodając łyżeczkę sody do kubka wody. Patrz, jak musują!

Czemu ciasta rosną?

Kiedy wkładasz ciasto do piekarnika, nagrzewa się ono, a dwutlenek węgla tworzy pęcherzyki gazu.

Rosną one w wysokiej temperaturze, spra-wiając, że ciasto też rośnie.

● Powietrze, które dostanie się do ciasta, pomaga uczynić je pysznie lekkim.

Po co rowery mają opony?

Opony pomagają rowerowi bezpiecznie trzymać się drogi. Przyjrzyj się oponie, a zauważysz, że jest na niej pewien wzorek. Wzorek ten nazywamy bieżnikiem. Gdy jest mokro, woda ucieka spod opony przez wyżłobienia w bieżniku, dzięki czemu rower nie wpada w poślizg.

● Gdy opona się toczy, ociera się o drogę. To ocieranie się tworzy spowalniającą siłę, zwaną tarciem. Dzięki tarciu opony lepiej trzymają się drogi.

Czemu opony są pełne powietrza?

Pompowanie powietrza do opon rowerowych sprawia, że są one sprężyste. Opony działają jak poduszka pomiędzy kołem a drogą, ułatwiając pokonywanie nierówności, co sprawia, że nasza jazda jest znacznie przyjemniejsza.

Jak działają hamulce rowerowe?

Kiedy ściskasz dźwignię hamulca, klocki hamulcowe schodzą się i ściskają każde koło.
Klocki i koła trą o siebie, więc koła spowalniają.
Ściśnij mocno dźwignię hamulca, a rower się zatrzyma.

klocek hamulcowy

klocek hamulcowy

bieżnik

● Bez tarcia ślizgalibyśmy się za każdym razem, gdybyśmy próbowali chodzić. To tak, jakby cały czas chodzić po skórkach od bananów.

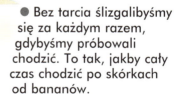

● Pompowanie opony to ciężka praca, musisz bowiem „ścisnąć" mnóstwo powietrza w bardzo małej przestrzeni.

Czemu potrzebujemy powietrza?

● Wszystkie rośliny potrzebują powietrza, światła i wody, aby żyć i rosnąć. Podobnie ludzie i każda żywa istota na naszej planecie.

Wszystkie stworzenia na Ziemi potrzebują do życia tlenu – to dotyczy również ciebie! To dlatego, że używają tlenu do wytwarzania energii niezbędnej do życia i wzrostu.

● Wieloryby, mimo że żyją w morzu, oddychają tlenem z powietrza. Kaszaloty mogą wstrzymywać oddech nawet do dwóch godzin, zanim wynurzą się na powierzchnię.

Czemu potrzebujemy światła?

Bez światła słonecznego nie mielibyśmy nic do jedzenia! Rośliny są jedynymi żywymi organizmami, które potrafią wytwarzać własne pożywienie, i potrzebują do tego światła słonecznego. Wszystkie pozostałe organizmy żywią się roślinami lub roślinożernymi zwierzętami. Gdyby nie było roślin, wszyscy umarlibyśmy z głodu!

● Ktoś, kto był na kempingu, wie, że trawa pod namiotem blaknie i zaczyna usychać. To dlatego, że nie ma dostępu do światła słonecznego, którego potrzebuje do życia. Ale nie ma się co martwić – wkrótce odrośnie!

Czemu potrzebujemy wody?

Trudno to sobie wyobrazić, ale dwie trzecie twojego ciała składa się z wody. Podobnie jest w przypadku większości zwierząt i roślin. Wszystkie żyjące na Ziemi stworzenia potrzebują wody, by pozostać przy życiu. Bez niej by umarły.

● Możesz przeżyć wiele tygodni bez jedzenia, ale bez wody – zaledwie trzy lub cztery dni.

31

Indeks

A
astronauta 15, 19

B
bąbelki 7, 27

C
ciało stałe 4, 5
ciecz 4, 5, 16, 17
cień 20, 21
ciepło 10, 12–16
ciepłota ciała 14–16

D
dwutlenek węgla 26, 27
dźwięk 10, 18, 19

E
energia 10, 11, 18, 20, 30

G
gaz 5, 16, 17, 26, 27

I
izolator 14, 15

J
jedzenie 10, 20, 30

K
kolor 24, 25
Księżyc 22

L
lód 5
lustro 22, 24

M
muzyka 18, 19
mydło 7

N
napięcie powierzchniowe 6, 7
naukowiec 4, 5
nurek 8, 14

O
odbicie 22

P
para wodna 5, 16, 17
parowanie 16
pęcherz pławny 9
powietrze 7–9, 13, 14, 17–19, 23, 24, 26–30
prom kosmiczny 15
przewodnik 12

R
rosa 17
roślina 20, 30
rower 28, 29
ruch 10, 11

S
skraplanie 17
Słońce 12, 13, 22, 24, 30
słuchanie 18
szkło 21
światło 11, 12, 20–25, 30, 31

T
tarcie 28, 29
tęcza 24, 25
tlen 26, 30
tonięcie 8, 9

U
unoszenie się 8, 9

W
wibracje 18
woda 4–9, 14–17, 19, 23, 24, 28, 31

Z
Ziemia 13, 30, 31